《두고두고 읽고 싶은 시튼 동물 이야기》는
자연을 사랑했던 작가 시튼이 실화를 바탕으로 그려 낸 야생 동물 이야기를 한 편씩
따로 엮은 책입니다. 거친 자연 속에서 누구에게도 길들지 않고 당당히 자신의 삶을
살았던 동물들의 감동적인 이야기가 생생한 그림으로 파노라마처럼 펼쳐집니다.

두고두고 읽고 싶은 시튼 동물 이야기

야생마 페이서의 질주

초판 1쇄 펴낸날 2015년 3월 25일
초판 3쇄 펴낸날 2021년 2월 15일

원작 어니스트 톰슨 시튼 | **글·그림** 우상구
펴낸이 서경석
책임편집 류미진 | **디자인** 박보라
마케팅 서기원, 권병길 | **제작·관리** 서지혜, 이문영
펴낸곳 청어람주니어 | **출판등록** 제313-2009-68호
주소 경기도 부천시 원미구 부일로 483번길 40 서경빌딩 (우)14640
전화 032)656-4452 | **팩스** 032)656-4453
카페 http://cafe.naver.com/chungeoramjunior
전자우편 juniorbook@naver.com

ISBN 979-11-953326-9-4 74840
      978-89-93912-78-4(세트)

ⓒ 우상구, 청어람주니어 2015

이 도서의 국립중앙도서관 출판시도서목록(CIP)은 서지정보유통지원시스템 홈페이지(http://seoji.nl.go.kr)와
국가자료공동목록시스템(http://www.nl.go.kr/kolisnet)에서 이용하실 수 있습니다.(CIP제어번호:2015007725)

※ 이 책의 내용 일부 또는 전부를 재사용하려면 반드시 저작권자와 청어람주니어 양측의 동의를 얻어야 합니다.

두고두고 읽고 싶은 시튼 동물 이야기 4

야생마 페이서의 질주

어니스트 톰슨 시튼 원작 | 우상구 글·그림

| 이 책을 읽는 어린이들에게 |

◆◆◆

야생마 페이서,
자유를 향해 달리다

친구들은 혹시 말 등에 올라타 본 적이 있니? 우리를 태우고 달리는 말은 사람에게 길든 말이란다. 하지만 말들이 처음부터 사람과 어울려 지내지는 않았을 거야. 드넓은 초원을 마음껏 내달리며 살아가는 야생마가 더 많았지. 검은 갈기를 휘날리며 자유를 향해 달렸던 야생마 페이서처럼 말이야.

페이서는 어릴 때부터 여러 목동들이 탐낼 정도로 뛰어난 명마였어. 먹물로 감은 듯 새까만 갈기에 윤기 나는 옆구리, 매끈한 다리를 가진 페이서는 멀리서 봐도 기품이 느껴질 정도로 매력적이었지. 목장에서 기르던 암말들도 금세 페이서를 따라 야생으로 떠날 정도였으니까. 그래서일까? 페이서는 사람들에게 표적이 되었어. 검정말은 길들이기 쉽지 않다는 것을 알면서도 사람들은 페이서를 잡기 위해 수단 방법을 가리지 않았지. 그래서 페이서는 달리고 또 달려야 했어. 자기를 따르던 암말들을 모두 잃고 혼자가 될 때까지.

늑대 왕 로보가 끝없이 강해져야 했던 것처럼, 회색곰 워브가 고독을 견뎌 냈던 것처럼, 어미 여우 빅스가 슬픈 선택을 해야 했던 것처럼, 야생마 페이서는 야생마답게 끝없이 달려야 했단다. 그 길의 끝에 무엇이 있든지 말이야. 그게 바로 슬프지만 아름다운 야생에서의 삶이란다.

야생마 페이서가 바라본 사람들의 모습을 떠올리며, 우상구 아저씨가

| 어니스트 톰슨 시튼 Ernest Thompson Seton에 대하여 |

♦♦♦

동물을 따뜻한 시선으로 관찰한
자연주의 작가, 시튼

 이 책을 쓴 작가, 시튼을 소개할게.
 어린 시절을 숲이 우거진 산림 지대에서 보낸 시튼은 동물들을 관찰하고 그리는 것을 무척 좋아했어. 그래서 식물과 동물을 관찰하고 연구하는 박물학자가 되고 싶어 했지. 아버지의 권유로 영국과 프랑스에서 그림을 먼저 공부했지만, 박물학자가 되고 싶은 꿈을 버릴 수 없어 캐나다로 돌아와 글을 쓰기 시작했단다. 그러다 1897년 동물들의 이야기를 쓴 《내가 아는 야생 동물 Wild Animals I have known》을 발표하면서 작가로서 첫발을 내딛게 되었지.
 시튼이 책 속에 그려 낸 동물들은 단순히 본능에 따라 행동하지 않았어. 거친 야생의 세계에서 살아남기 위해 때로는 용기 있게 맞서고, 때로는 지혜롭게 피해 서로를 보듬는, 우리의 삶과 크게 다르지 않았지. 이야기를 읽다 보면 동물을 따뜻하게 바라보는 시튼의 시선을 느낄 수 있단다.
 훗날 '동물 문학의 아버지'로 불린 시튼은 평생 사람들의 횡포로 하나둘씩 사라져 가는 야생 동물들을 보호하기 위해 글을 쓰고 그림을 그렸어. 그리고 꾸준히 이야기했지. "자연은 아주 좋은 것 Nature is Very Good Thing"이라고.
 그러니까 반드시 지켜야 한다고 말이야.

카우보이 조 캘론은 말 안장을 풀어 말들을 쉬게 한 뒤, 목장주의 집으로 들어갔습니다.

"식사 준비는 아직 멀었어?"

조가 요리사에게 물었습니다.

"보채지 말고 10분만 기다리게."

요리사는 벽에 걸린 낡은 시계를 힐끔 쳐다보며 자신만만하게 대답했지만, 사실 요리 시간을 제대로 지킨 적이 한 번도 없었습니다.

"페리코는 잘 지내고 있던가?"

옆에 있던 동료가 물었습니다.

"두말하면 잔소리지. 소도 건강하고, 송아지도 아주 많더라고."

"오늘 앤틸로프 샘터에서 야생마 무리를 봤어. 수망아지도 두세 마리 함께 있었는데. 한 놈은 새까만 게 유난히 건강하고 멋져 보였다네. 2~3킬로미터 정도 쫓아가 봤는데, 그 새까만 녀석은 무리에서 앞장서 달리면서 보폭이 조금도 흐트러지지 않았다네. 도저히 따라잡을 수 없더군."

"아무 준비도 없이 그놈을 쫓았다고?"

옆에 있던 스카스가 물었습니다.

"글쎄, 기회는 또 오겠지."

조가 씁쓸히 말했습니다.

"자, 요리가 다 됐어요!"

요리사의 외침에 이야기는 거기서 멈추었습니다.

이튿날, 소몰이 장소가 다른 들판으로 바뀌면서 그 야생마 무리에 관한 이야기도 잊혔습니다. 그리고 일 년 뒤, 뉴멕시코 주의 같은 장소에서 소몰이가 시작되면서 다시 야생마 무리가 눈에 띄었습니다.

그때 조가 눈여겨보았던 새까만 망아지는 이제 한 살이 되어 매끈한 다리에, 옆구리에 윤기가 도는 명마가 되어 있었습니다.

그 뒤로도 그 매력적인 검정말을 목격한 목동이 한둘이 아니었습니다.

'저 녀석을 잡는다면 돈이 꽤 되겠는걸.'

검정말을 바라보며 조는 생각에 잠겼습니다. 이런 생각은 멕시코 동부 사람들에겐 그다지 이상하게 여겨지지 않을 테지만, 서부 사람들의 생각은 달랐습니다.

　서부 사람들에게 길이 든 집말은 15~20달러 정도 값어치가 있지만 길이 들지 않은 야생마는 5달러에 불과했습니다. 야생마는 잡기도 힘들지만, 잡았다 해도 길들이기가 여간 까다롭지 않아 쓸모가 없었기 때문입니다.

　그래서 목장 주인이나 목동들은 야생마를 발견하면 대부분 그 자리에서 총을 쏘아 죽였습니다. 목초지를 돌아다니는 야생마는 곧잘 집에서 기르는 말을 꾀어 야생으로 끌고 갔기 때문입니다.

조는 야생마에 대해서는 해박한 지식을 가지고 있었습니다.

흰말은 대부분 온순하고, 밤색 말은 겁이 많은 편이었습니다. 야생마 중에서도 흰말이나 밤색 말은 제대로 길들인다면 쓸 만한 말이 될 수도 있었습니다. 하지만 검정말은 억세지 않은 놈이 거의 없었습니다. 만일 검정말이 사자의 발톱을 지녔다면 그 어떤 목동도 당해 낼 수 없을 것입니다.

야생마는 그야말로 쓸모없고 사납기만 한 짐승이며, 더군다나 검은 야생마는 오히려 말을 기르는 데 성가신 존재로 여겨졌습니다.

그렇기에 조의 동료들은 검은 야생마를 잡으려는 조를 이해할 수 없었습니다. 그러나 조는 시간이 흐를수록 그 새까만 야생마에 깊이 빠져들었습니다.

조는 한 달에 25달러를 받으며 목동으로 일했는데, 다른 목동들처럼 자신의 목장과 근사한 카우보이 복장을 갖는 게 꿈이었습니다.

일찌감치 산타페에 목장주 등록을 해 놓았지만, 자신의 낙인이 찍힌 가축은 고작 다 늙은 암소 한 마리가 전부였습니다. 그래도 굳이 낙인 등록을 해 둔 것은 새 가축이 생겼을 때 바로 자신의 낙인을 찍을 수 있다는 기대 때문이었습니다.

"멋지게 한탕 해서 자리 잡아야지, 결코 희망의 끈을 놓아서는 안 돼! 지금은 비록 남의 목장에서 더부살이로 품삯을 받고 있지만, 곧 목장주가 되고 말 거야. 먼저 그 야생마를 내 것으로 만들어야 해."

조는 두 주먹을 불끈 쥐었습니다.

조는 해마다 소 떼를 몰고 캐나디안 강을 건너 가을이 되어서야 돈 카를로스 언덕으로 돌아왔습니다.

그해에도 야생마 무리를 이끄는 우두머리 검정말에 관한 소문은 여전했지만, 정작 그 야생마 무리는 눈에 띄지 않았습니다.

검정말이 자주 나타난다는 앤틸로프 샘은 들판 가운데 자리 잡고 있었습니다. 비가 많이 올 때는 잡초가 무성한 작은 호수가 되었고, 비가 적을 때는 호수 한복판에서 맑은 물이 솟아 나와 몇 킬로미터 근방까지 유일하게 마실 물을 제공했습니다.

이 지역에서 가장 큰 목장은 '엘 크로스 에프'라는 회사의 것으로, 포스터라는 사업가가 목장주로 있었습니다. 그는 좋은 목초지에서 더 나은 품종의 말과 소를 키워 돈을 벌 계획을 세웠습니다. 그래서 키가 크고 다리가 늘씬한 암말을 열 마리 데려다 키웠습니다. 그러나 아홉 마리는 젖을 떼자마자 들판으로 달아나 버렸습니다.

말은 가장 좋은 풀이 자라는 곳을 본능적으로 찾는 법입니다. 그해 늦은 여름, 포스터가 말들을 찾기 위해 나섰는데, 암말 아홉 마리가 앤틸로프 샘터 근처의 들판에 그대로 모여 있었습니다. 그런데 웬 칠흑같이 검은 야생마가 아홉 마리의 암말들과 함께 있었습니다.

새까맣게 윤기 나는 검은 털이 암말들의 금빛 털과 조화를 이루어 눈에 확 띄었습니다. 포스터는 암말들이 온순해서 별다른 일이 일어나지 않는 한 순순히 목장으로 몰아올 수 있을 거라고 생각했습니다. 그런데 목동들이 암말을 데려가려 하자 함께 있던 검은 야생마가 흥분하기 시작했습니다.

녀석은 암말들에게 타고난 야성을 불어넣으며 무리를 전속력으로 자신이 원하는 쪽으로 몰아갔습니다. 목동들이 뒤쫓았지만, 목동들이 탄 조랑말들은 금방 지쳤고, 간격은 점차 넓어졌습니다. 목동들은 화가 나서 총으로 검은 야생마를 겨냥했습니다.

하지만 암말들 사이에 검정말을 쓰러뜨릴 수 있는 기회는 쉽게 오지 않았습니다. 목동들은 결국 야생마 무리를 놓치고 말았습니다. 목동들이 탄 조랑말로 야생마를 따라잡는 것은 처음부터 무리였습니다. 목동들은 내일을 기약하고 집으로 돌아갔습니다.

　야생마를 따라간 암말들은 십중팔구 검정말처럼 거칠어질 것입니다. 그러나 암말들을 야생으로부터 구해 올 뾰족한 방법은 없었습니다. 동물들의 세계에서 잘생기고 능력 있는 수컷이 암컷의 마음을 사로잡는 것은 당연한 일이었습니다.

 먹물로 감은 듯한 갈기와 긴 꼬리,
영롱한 초록빛 눈을 가진 검은 야생마는 훗날, 사람들에게
'페이서'로 불렸는데, 자신의 지역을 남김없이 돌아다니며 여러 마리
의 암말을 자신의 무리로 만들었습니다.
 지금까지 페이서가 무리에 끌어들인 암말은 대부분 방목장에서 풀

을 뜯던 조랑말이었지만, 오늘은 유난히 눈에 띄게 훌륭한 암말 아홉 마리를 무리에 끼워 넣는 데 성공했습니다.

자신들이 키우던 암말이 야생마 페이서의 무리 속에 끼었다 하면 그 주인은 암말을 잃어버린 셈 치고 포기할 수밖에 없었습니다. 목동들은 날이 갈수록 야생마 페이서가 목장에 해를 끼치는 존재라는 사실을 깨닫게 되었습니다.

1893년 12월 겨울의 한복판이었습니다.

나는 마차 한 대를 이끌고 '피나베티토스'에 있는 목장을 출발해서 캐나디안 강으로 가고 있었습니다. 내가 떠날 때 목장주 포스터가 이런 충고를 해 주었습니다.

"그 괘씸한 야생마 페이서를 발견하면 반드시 쫓아가서 쓰러뜨려야 하네."

그것이 내가 야생마 페이서에 관해 들은 첫 번째 이야기였는데, 길을 안내하는 번스에게서도 페이서의 과거에 대해 들을 수 있었습니다. 나는 이제 세 살이 되었다는 검은 야생마에 대해 슬슬 호기심이 생기기 시작했습니다.

　이튿날, 앤틸로프 샘이 있는 평원에 이르기까지 우리는 그 검고 빛나는 야생마가 이끄는 무리의 흔적조차 발견하지 못했습니다.

　그러나 그다음 날, 앨라모사 협곡을 가로질러 다시 완만하게 펼쳐진 평원에 이르렀을 때, 안내인 번스가 갑자기 말 등에 바짝 엎드리며 말했습니다.

　"총을 꺼내요, 바로 그놈이에요."

　나는 재빨리 말에서 내려 능선 너머를 보기 위해 앞으로 나아갔습니다.

능선 아래 한 무리의 말들이 있었습니다. 무리 한쪽 끝에 검은 야생마가 보였습니다. 녀석은 인기척을 느꼈는지 곧 위험이 닥칠 수 있다는 것을 예상하고 있는 듯 고개를 반듯이 세우고 콧구멍을 벌름거리고 있었습니다.

그 검은 야생마의 모습은 다른 야생마에 비해 완벽하고 기품 있어 고귀해 보이기까지 했습니다.

"아! 저렇게 멋진 녀석을 죽인다는 건 생각만 해도 끔찍한 일이야."

안내인 번스가 소리쳤습니다.

"빨리 쏴요!"

번스가 재촉했지만 나는 일부러 우물쭈물 늑장을 부렸습니다.

"총을 이리 줘요. 내가 쏠게요!"

다시 번스가 소리쳤습니다.

번스가 내 총을 잡아채려는 순간, 내가 총구를 뒤로 들어 올리는 바람에 우발적으로 총이 발사되었습니다. 말들은 총소리에 깜짝 놀라 우왕좌왕하기 시작했습니다.

검은 야생마는 "히힝!" 소리를 지르며 사방으로 뛰어다녔습니다. 그러자 모든 암말이 일제히 요란하게 말발굽 소리를 내며 뿌연 먼지 구름을 일으키며 달아나기 시작했습니다.

검은 야생마는 이쪽저쪽을 오가며 무리를 이끌고 멀찌감치 달아나 버렸습니다. 나는 야생마가 사라지는 모습을 우두커니 쳐다보면서 야생마 페이서의 힘과 리더쉽, 그리고 빛나는 아름다움에 넋을 잃었습니다.

야생마를 사로잡는 데는 몇 가지 방법이 있습니다. 첫째는 놈에게 가벼운 상처를 내는 방법으로, 총알이 야생마의 목덜미 쪽을 스치도록 쏘아 기절시키고 두 다리를 묶는 것입니다.

"말이야 쉽지, 그러다가 목이 부러진 말은 백 마리도 넘게 봤지만, 찰과상만 입고 잡힌 야생마는 아직 한 마리도 못 봤네."

조는 첫 번째 방법에는 아주 비판적이었습니다.

　두 번째는 지형을 이용해서 야생마 무리를 목장 쪽으로 몰고 가는 방법입니다. 적당한 둔덕이 있다면 말들을 그쪽으로 바짝 몰아붙이는 방법도 있습니다.

　가장 흔한 방법으로는(이건 좀 말이 안 되는 얘기지만) 야생마들이 진이 빠질 때까지 달리게 하는 것입니다. 사실 집말이 야생마가 진이 빠지도록 쫓을 수 있겠습니까?

야생마 페이서의 명성은 널리 퍼졌습니다.

검정말의 규칙적인 보폭이며 날쌔기, 그리고 놀라운 폐활량에 대한 소문이 자자한 가운데 '트라이앵글 바' 목장의 대표인 몽고메리 영감이 느닷없는 제안을 해 왔습니다.

정말 그런 야생마가 있다면 그 야생마를 사로잡아 우리에 가두는 사람에게 천 달러의 상금을 주겠다고 했습니다. 그러자 젊고 유능한 목동 열두 명이 현상금에 도전하겠다며 나섰습니다.

"나도 이러고 우물쭈물하고 있을 때가 아니지."

조는 당장 목장 일을 때려치우고 밤새도록 야생마를 잡는 데 필요한 장비를 챙겼습니다.

조는 늘 가난했기 때문에 친구 여러 명을 찾아다니며 돈을 빌렸습니다. 그 돈으로 건강한 말 스무 마리와 포장마차 한 대를 마련하고 요리사와 동료 찰리를 끌어들였습니다. 조를 포함한 세 사람은 보름 정도 먹을 수 있는 식량을 준비하고 야생마 페이서를 사로잡겠다고 큰소리 뻥뻥 치며 클레이턴을 출발했습니다.

사흘째 되던 날, 일행은 앤틸로프 샘에 도착했습니다.

일단 조의 첫 번째 예상이 적중했습니다.

검은 야생마는 물을 마시러 무리를 이끌고 산에서 내려왔습니다.

조는 야생마들이 물을 실컷 마실 때까지 숨어 있었습니다. 물을 잔뜩 마시게 되면 뛰다가 쉽게 지치기 때문입니다.

조는 조심조심 야생마 무리 쪽으로 다가갔습니다.

조가 무리 쪽으로 800미터 정도까지 다가서자 위험을 눈치챈 페이서는 무리를 이끌고 비탈지고 가파른 남쪽으로 사라졌습니다. 조는 전속력으로 말을 몰아 위치를 파악한 다음, 요리사에게 남쪽에 있는 앨라모사로 가라고 지시했습니다. 그리고 다시 야생마들이 사라진 남쪽으로 내달았습니다.

　2~3킬로미터를 더 달리자 야생마 무리가 시야에 들어왔습니다. 이번에는 야생마들을 직접 따라가지 않고 말들이 갈 만한 방향을 가로질러 간 덕분에 무리를 제법 가까운 위치에서 다시 볼 수 있게 되었습니다. 조는 조용히 다가가 다시 한 번 야생마 무리를 깜짝 놀라게 했습니다.
　그런 작전은 오후 늦게까지 계속되었습니다.
　해 질 무렵이 되자 말들은 조의 계획대로 앨라모사 근처에 이르렀습니다. 그곳에서 기다리고 있던 요리사와 동료 찰리가 기운 팔팔한 새 말을 타고 추격을 계속했습니다.

조는 간단히 저녁을 먹고 앨라모사 위쪽의 여울 가까이에 천막을 치고 야영을 준비했습니다. 그 시간, 동료 찰리는 계속 야생마를 쫓았습니다.

야생마들은 처음처럼 멀리 도망치지 않고 근처에 머물렀습니다. 뒤쫓아오는 사람들이 별다른 공격을 해 오지 않고, 또 쫓기는 데 어느 정도 익숙해졌기 때문입니다.

땅거미가 지고 주위는 서서히 어둠으로 내려앉았지만 무리 가운데 하얀 암말도 끼어 있었기 때문에 밤에도 금방 눈에 띄었습니다.

요리사와 찰리는 푸르스름한 초승달의 빛과 자신이 타고 있는 말의 감각으로 무리를 조용히 따라갈 수 있었습니다.

마침내 무리가 밤의 어둠 속으로 사라져 버리자, 요리사와 찰리는 피곤했는지 말안장을 베개 삼아 금방 잠에 곯아떨어졌습니다.

다음 날, 찰리가 새벽에 먼저 일어났습니다. 하얀 암말 덕분에 얼마 가지 않아 야생마 무리를 다시 발견했습니다. 찰리가 가까이 다가가자 페이서는 크게 울부짖어 암말들을 도망치게 했습니다.

메사에 이르렀을 때 야생마 무리는 걸음을 멈추고 뒤돌아보았습니다. 이렇게 끈질기게 쫓아오는 자가 누구인지 알아보려는 듯했습니다. 무리는 한동안 초원을 등진 상태로 찰리를 빤히 바라보고 있었습니다.

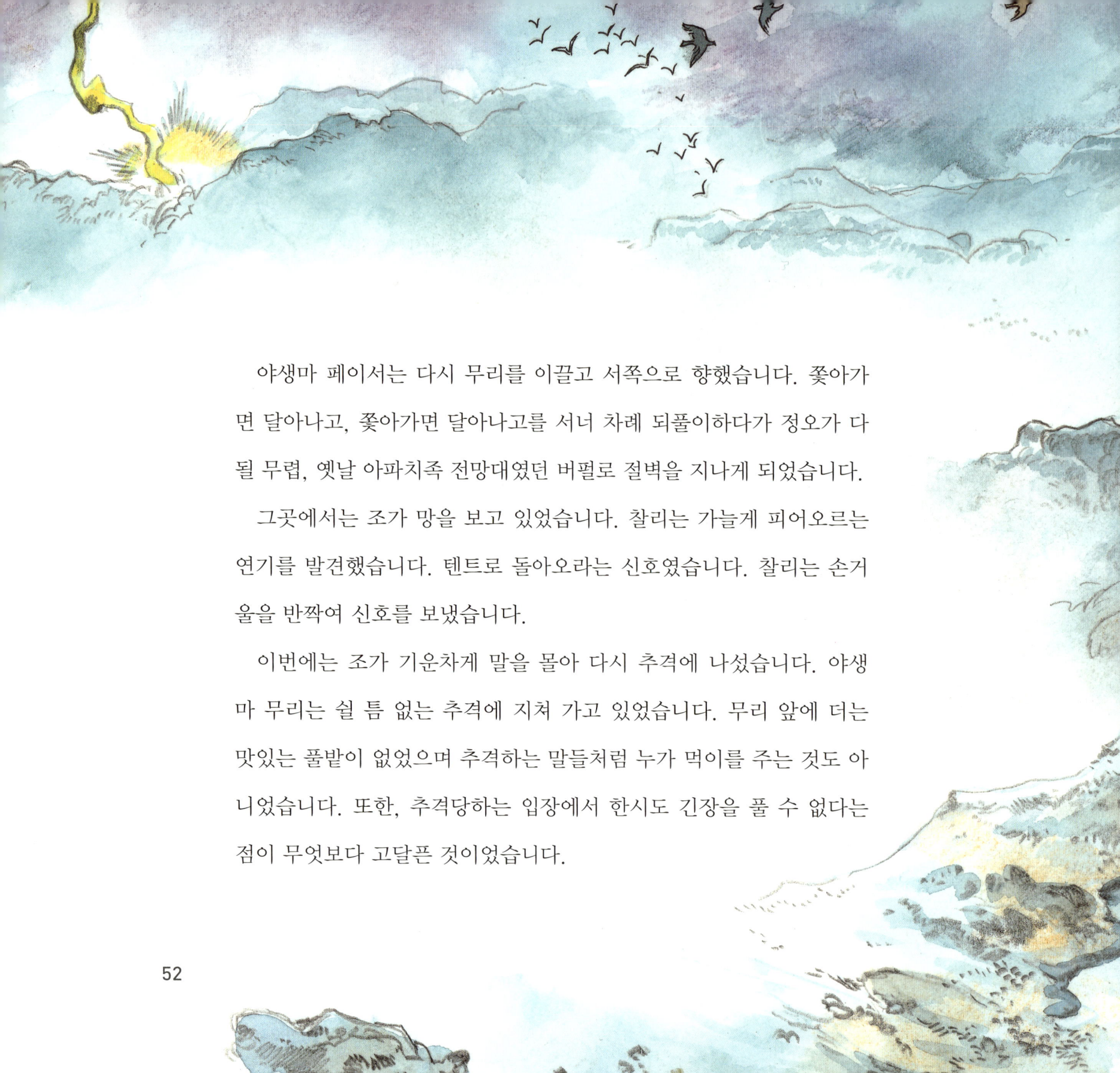

　야생마 페이서는 다시 무리를 이끌고 서쪽으로 향했습니다. 쫓아가면 달아나고, 쫓아가면 달아나고를 서너 차례 되풀이하다가 정오가 다 될 무렵, 옛날 아파치족 전망대였던 버펄로 절벽을 지나게 되었습니다.

　그곳에서는 조가 망을 보고 있었습니다. 찰리는 가늘게 피어오르는 연기를 발견했습니다. 텐트로 돌아오라는 신호였습니다. 찰리는 손거울을 반짝여 신호를 보냈습니다.

　이번에는 조가 기운차게 말을 몰아 다시 추격에 나섰습니다. 야생마 무리는 쉴 틈 없는 추격에 지쳐 가고 있었습니다. 무리 앞에 더는 맛있는 풀밭이 없었으며 추격하는 말들처럼 누가 먹이를 주는 것도 아니었습니다. 또한, 추격당하는 입장에서 한시도 긴장을 풀 수 없다는 점이 무엇보다 고달픈 것이었습니다.

신경이 잔뜩 날카로운 채로 있다 보니 먹을 풀도 없고 갈증만 더해 갔습니다. 야생마 무리는 기회가 있을 때마다 물을 마셨고, 추격자는 바로 그 점을 노렸습니다.

달려야 하는 동물은 물을 많이 마실수록 다리는 점점 굳어지고 폐활량은 줄어들기 마련입니다.

조는 자신의 말들이 물을 많이 먹지 않도록 특별히 신경 썼습니다. 덕분에 야생마의 뒤를 추격할 때나 야영할 때도 조랑말들은 아주 생생한 편이었습니다.

다음 날 새벽, 야생마 무리는 생각보다 훨씬 가까이에 있었습니다. 초원을 내달리던 야생마들은 이제 뛰지 않고 걷기 시작했습니다. 승리의 여신이 조에게 팔을 뻗는 듯이 보였습니다.

조와 교대한 찰리는 밤이 되어도 쉬지 않고 생생한 말을 타고 계속 추격했습니다.

이튿날 야생마들은 어제보다도 더 지쳐 있었습니다. 페이서가 재촉해도 무리는 뛰지 않고 걸었습니다. 지칠 대로 지친 야생마들은 샘에서 배가 터지도록 물을 마셨습니다.

조에게 페이서는 보면 볼수록 훌륭하고 탐나는 말이었습니다. 총으로 쏠 기회는 많았지만 도무지 쏠 수 없었습니다. 총으로 쏘아 죽인다면 너무나 큰 손실입니다.

심지어 상금으로 걸린 많은 돈을 받아야 하는지 말아야 하는지까지 고민하기 시작했습니다. 이런 훌륭한 말을 경주마로 길들인다면 한밑천 단단히 잡을 수 있을 것 같았습니다. 그러나 아직 상금을 탄 것은 아니었습니다. 한밑천이 되어 줄 말이 호락호락 잡혀 주지 않았습니다.

언제까지 기다릴 수만은 없습니다. 조는 자기가 데려온 말 가운데 가장 훌륭한 말을 선택했습니다.

"자! 이 말을 타고 추격전의 마지막을 장식하는 거야!"

하지만 검은 야생마 페이서는 여전히 야생의 힘을 잃지 않고 있었습니다.

"좋아! 훌륭하고 강한 적이라야 오히려 싸움의 묘미가 있는 거야."

조는 한 손으로 고삐를, 다른 한 손으로 올가미를 힘껏 말아 쥐고 말을 몰았습니다.

조는 말 옆구리에 박차를 가하고 400미터쯤 떨어져 있는 야생마에게로 쏜살같이 달려나갔습니다. 조가 전력을 다해 달려들자 지친 암말들은 좌우로 흩어지며 길을 비켜 주었습니다.

조는 자기 말에 소리를 지르며 더욱 거칠게 박차를 가했지만, 믿을 수 없게도 한 치도 따라붙을 수 없었습니다. 야생마 페이서는 들판을 가로질러 발이 푹푹 빠지는 모래밭을 지나 풀밭 너머로 사라지고 말았습니다.

　조가 말에 더욱더 박차를 가하자 가엾은 말은 너무 지치고 겁에 질려 눈알이 빙글빙글 도는 지경에 이르렀습니다. 결국, 이리저리 고개를 흔들다가 발을 헛디뎌 고꾸라지고 말았습니다. 그 바람에 조는 허공으로 붕 떴다가 땅바닥에 나뒹굴게 되었습니다. 조의 말은 불쌍하게도 그대로 축 늘어졌습니다. 조가 할 수 있는 방법은 하나뿐이었습니다.

　조는 말 안장을 풀어 고통을 줄여 준 다음, 안장을 들고 천막으로 돌아왔습니다.

그러나 이번 추격전이 완전히 실패한 것만은 아니었습니다. 야생으로 돌아갔던 암말들은 모두 고분고분해졌고, 조와 찰리는 암말들을 몰아 '엘 크로스' 목장으로 몰아넣고 충분한 보상을 받아 냈습니다.

하지만 검은 야생마를 잡고 싶은 조의 마음은 이전보다도 더 커져만 갔습니다.

"내 손아귀에 꼭 넣고야 말겠어."

조는 페이서를 어떻게 잡을지 골똘히 생각에 잠겼습니다.

조는 결코 희망을 버리지 않았습니다. 상금이 걸려 있다는 소문이 무성해지자 다른 지방 사람들도 그 야생마를 잡으러 몰려든다는 얘기가 들려왔습니다. 조는 결정적 방법을 시도해 보기로 했습니다.

코요테가 자신보다 더 빠른 산토끼를 잡고, 말을 탄 인디언이 말보다 훨씬 빠른 산양을 잡을 수 있는 비결, 바로 릴레이 추격전을 쓰기로 한 것입니다.

페이서가 활동하는 영역은 남쪽으로는 캐나디안 강과 그 하류, 그리고 북쪽으로 케넌 언덕에 이르기까지 거의 100킬로미터 정도가 삼각형 모양으로 이루어져 있었습니다. 페이서는 이 삼각형 밖으로는 절대 나가지 않았으며 앤틸로프 샘 일대를 중심으로 활동하고 있었습니다.

조는 페이서와 긴 추격전으로 페이서가 다니는 길뿐만 아니라 골짜기를 가로지르는 지형의 구석구석까지 잘 알게 되었습니다.

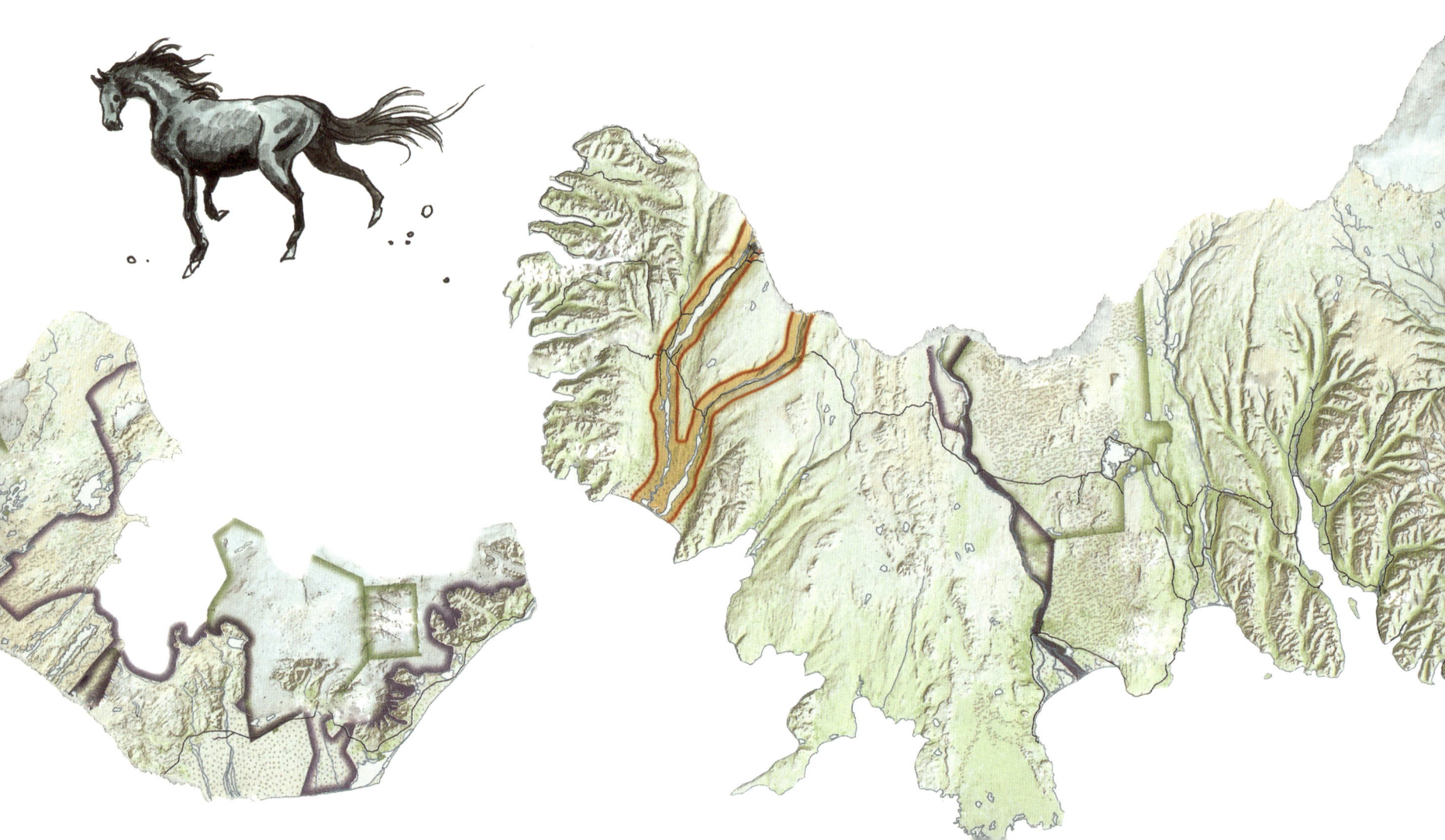

조에게 훌륭한 말이 50마리 정도 있었다면 각 요소요소마다 빈틈없이 말들을 배치했을 것입니다. 하지만 조는 20마리의 말과 자신을 포함한 기수 셋뿐이었습니다. 조는 말들에게 충분한 먹이를 주고 기수들한테도 각자의 역할을 맡겼습니다.

다음 날, 조는 마차를 몰아 앤틸로프 샘이 있는 들판 가장자리 작은 도랑 옆에 천막을 치고 기다렸습니다.

긴 기다림 끝에 다시 그 검고 신비로운 야생마 페이서가 모습을 드러냈습니다.

페이서는 조심스럽게 샘 쪽으로 내려오더니 적의 냄새가 배어 있지 않은 쪽에서 물을 마셨습니다. 조는 페이서가 물을 실컷 마시기를 바라며 숨죽여 지켜보았습니다.

"이랴!"

페이서가 몸을 돌려 풀을 뜯으려는 순간, 조는 말에 박차를 가했습니다. 녀석은 고개를 돌려 달려오는 말을 보더니 순식간에 멀찌감치 달아났습니다.

페이서는 들판을 가로질러 달렸으며 역시나 그 힘찬 보폭으로 조와의 거리를 더욱 벌려 놓았습니다. 더구나 녀석이 모래 언덕을 빠져나와 다시 이전의 속도를 되찾았을 때 조의 말은 모래밭에 발목까지 푹푹 빠지는 바람에 간격은 계속 벌어지고 말았습니다.

추격은 계속되었습니다. 페이서는 산들바람에 검은 갈기를 멋스럽게 휘날리며 쭉쭉 앞으로 내달렸습니다. 페이서가 협곡에 이르자 길목을 지키고 있던 한 기수가 옆으로 길을 내주었습니다. 페이서가 달리는 방향을 바꾸지 않도록 하기 위해서였습니다.

페이서는 지칠 줄도 모르고 비탈길을 오르내렸습니다.

곧이어 조는 땀으로 범벅이 된 말에서 내려 대기 시켜 둔 말로 갈아 탔습니다.

페이서는 협곡 쪽으로 달리다가 뭔가 이상한 낌새를 챘는지 갑자기 왼쪽으로 방향을 바꾸었습니다. 조는 지칠 대로 지쳐 있는 말에 더욱 더 박차를 가했습니다. 마침내 지름길을 달려 검정말을 따라잡은 조는 연거푸 총을 쏘아 사방으로 먼지를 일으켰습니다.

페이서의 방향을 바꾸어 오른쪽 협곡으로 내몰기 위해서였습니다.

조의 작전대로 페이서는 길을 가로질러 갔고, 조는 말에서 내렸습니다. 조는 기운이 빠진 상태였습니다. 먼지가 날아들어 눈이 따끔거렸고, 시야가 희미해졌습니다.

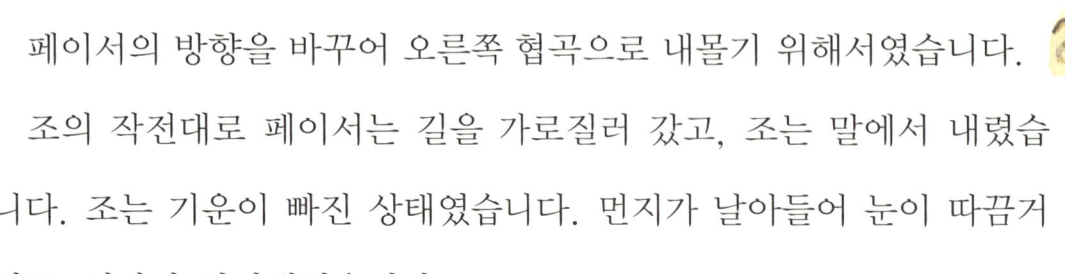

야생마 페이서도 많이 지친 듯했습니다. 검정말의 몸통은 땀으로 빛났고, 들썩이는 갈비뼈와 거친 숨소리가 얼마나 지쳐 있는지 말해 주고 있었습니다. 그러나 페이서는 쉬지 않고 내달렸습니다.

다시 앨라모사 계곡이 보이기 시작했습니다.

거기서 또 다른 동료가 새 말을 타고 페이서를 쫓기 시작했습니다.

들쥐들이 우글거리는 지역을 지나면서 덤불을 수십 군데 통과하고 선인장 가시에 찔리기도 했습니다. 페이서의 몸은 온통 땀투성이였지만 보폭은 여전히 일정한 상태를 유지하고 있었습니다.

기수가 탄 말은 지나치게 다그치는 바람에 상처 나고 지칠 대로 지쳐 있었습니다. 그러다 한쪽 다리가 삐끗하면서 말이 골짜기 아래로 굴러떨어지고 말았습니다.

다행히 기수는 빠져나왔지만, 말은 골짜기 아래로 떨어져 죽었고, 야생마 페이서는 계속 달리고 있었습니다.

　멀리 카를롯 언덕이 보였습니다. 조는 앞서 간 기수가 기다리는 쪽으로 페이서를 몰고 갈 생각이었습니다. 그러나 페이서는 본능적으로 위험을 감지했는지 갑자기 방향을 바꾸어 돌아섰습니다. 페이서가 북쪽으로 몸을 돌리자 조는 고함을 지르며 총을 쏘아 먼지를 일으켰습니다. 하지만 녀석이 유성과도 같이 협곡을 미끄러지듯 내려가는 바람에 따라갈 수 없었습니다.

정말 힘겨운 추격이었습니다. 뙤약볕이 내리쬐는 평원은 열기를 뿜어내고 있었고, 눈과 입으로 모래가 들어오고 소금기 때문에 눈은 뜰 수 없이 따가웠지만 추격은 계속되었습니다. 이제 방법은 딱 하나. 페이서를 에로요로 되몰아가는 것입니다.

페이서도 처음으로 지친 모습을 보였습니다.

갈기와 꼬리도 예전처럼 힘차게 쳐들지 않았고, 7~8백 미터쯤 벌어져 있던 간격도 거의 반으로 따라잡았습니다.

땅거미가 지고 있었습니다. 30킬로미터 정도 떨어진 에로요 계곡에 이르렀습니다.

조가 타고 온 말은 헉헉거리며 개울에서 허겁지겁 물을 마시더니 죽고 말았습니다.

조는 페이서도 물을 마시리라 기대했지만, 영리한 야생마 페이서는 딱 한 모금 그 이상의 물을 마시지 않았고, 개울을 지나 유유히 사라지고 말았습니다.

조가 걸어서 야영지로 돌아온 시간은 아침 녘이 다 되어서였습니다.

그의 이야기에 따르면 말 여덟 마리가 죽었고, 기수들은 지칠 대로 지쳤으며, 야생마 페이서는 자유로운 상태가 되었습니다.

"아무래도 안 되겠어. 이제 어쩔 도리가 없군. 총을 쏠 기회도 여러 번 있었지만 차마 그 아름답고 매력적인 말을 쏠 수는 없더라고."

조는 이렇게 중얼거리며 검은 야생마 페이서를 깨끗이 포기하고 말았습니다.

조 일행의 추격전을 누구보다 흥미롭게 지켜보던 노인이 있었습니다. 자칭 이 일대에서 최고로 노련한 목동으로 자부하고 있는 터키트랙 영감이었습니다.

"녀석에 걸려 있는 상금 5천 달러는 바로 내 것이나 다름없어. 내가 바보 멍청이가 아니라면 말이야."

그동안 목동들에 시달린 야생마 페이서는 성질이 매우 거칠어져 있었습니다. 그러나 자신의 영역 앤틸로프 샘 주위는 떠나지 않았습니다. 앤틸로프 샘은 사방 1.5킬로미터 안에 적이 숨을 수 있는 은신처가 없어 페이서에겐 오히려 유리한 지형이라 볼 수 있었습니다.

페이서는 하루도 거르지 않고 앤틸로프 샘 주위를 살피며 물을 마셨습니다. 거느리던 암말들이 모두 잡혀갔기 때문에 겨우내 쓸쓸하게 지낼 수밖에 없었고, 이러한 사실은 터키트랙 영감도 잘 알고 있었습니다. 친구 중에 작고 멋진 갈색 암말을 가진 사람이 있었는데, 바로 그 말이 자신의 목적을 이루는 데 도움이 될 거라고 생각했습니다.

터키트랙 영감은 야생마의 다리를 묶을 가장 튼튼한 가죽끈과 올가미 몇 개, 그리고 굵은 말뚝을 준비하고 앤틸로프 샘으로 향했습니다.

들판 군데군데 영양 몇 마리가 신선한 아침 공기를 만끽하고 있었습니다. 곳곳에 소 떼가 누워 있었고, 종달새가 지저귀는 소리도 들렸습니다.

겨울이 지나고 서서히 봄이 다가오고 있었습니다.

초록빛 풀과 나무들은 모두 자연을 노래하고 있었습니다.

터키트랙 영감은 바람의 방향과 지형을 꼼꼼히 살펴보았습니다. 그러고는 풀이 무성하고 잡초가 많은 덤불을 골라 말뚝을 박고 작은 갈색 말을 묶어 두었습니다. 그리고 나서 말 앞에 올가미를 놓고 흙과 풀로 덮은 다음, 은신처에 몸을 숨겼습니다.

정오 무렵, 지루한 기다림 끝에 멀리 서쪽 언덕에서 대단한 명성을 지닌 검은 야생마 페이서가 하늘을 등지고 모습을 드러냈습니다.

녀석은 한 번 주위를 둘러보고 히힝 소리 지르더니 미끼로 묶여 있는 암말에게로 다가갔습니다. 그러나 곧 이상한 낌새를 느꼈는지 사방을 이리저리 살폈습니다. 그때 갈색 암말이 페이서에게 속삭이듯 크릉크릉거렸습니다. 순간 두려움은 사라지고 페이서는 암말에게 다가가 코를 맞대었습니다.

페이서가 껑충거리며 암말 주위를 도는 순간, 마침내 터키트랙 영감이 만들어 놓은 올가미에 걸리고 말았습니다. 터키트랙 영감은 기회를 놓치지 않고 힘차게 올가미를 잡아당겼습니다.

　페이서가 크게 울음소리를 내며 펄쩍 뛰어오르자 터키트랙 영감은 재빨리 올가미를 하나 씌워 발목을 묶었습니다. 페이서는 공포에 질려 있는 힘을 다해 뛰어 보려 했으나 올가미에 묶인 발목 때문에 어쩔 수 없었습니다.

아무리 엄청난 힘을 지닌 야생마라고 해도 사람의 꾀 앞에서는 어쩔 수 없었습니다. 네 발이 모두 묶인 페이서는 바닥에 쓰러져 경련을 일으키며 울부짖었습니다.

터키트랙 영감은 갑자기 묘한 감정에 휩싸였습니다. 그렇게 갈망하던 야생마가 잡혔는데 갑자기 머리부터 발끝까지 덜덜 떨렸습니다. 영감은 자신이 사로잡은 훌륭한 포로를 한동안 멍하니 바라만 보고 있었습니다.

터키트랙 영감은 다시 정신을 가다듬고 말했습니다.
"자! 이제는 목장에 도달할 때까지 종종걸음을 걸어야 할걸!"
그런데 가장 중요한 것을 가져오는 걸 까맣게 잊고 있었습니다.
서부의 법으로 낙인을 찍어야만 야생마의 주인이 될 수 있었지만 낙인 인두는 30킬로미터 이상 떨어진 목장에 있었습니다.
터키트랙 영감은 자신의 암말 발굽을 하나씩 들여다보았습니다. 그 중에 약간 느슨한 편자가 하나 눈에 띄었습니다.
터키트랙 영감은 편자와 말굽 사이에 등산용 칼을 끼워 넣고 편자를 뜯어냈습니다. 들판에는 버펄로의 마른 똥 같은 연료가 흔하게 있었으므로 그것을 태워 불을 피웠습니다.
터키트랙 영감은 곧 벌겋게 달군 편자를 양말로 감싸 쥐고 페이서 왼쪽 어깨에 칠면조 발자국 모양의 낙인을 찍었습니다. 뜨거운 편자가 어깨에 찍히는 순간 야생마 페이서는 몸부림쳤지만, 고통은 곧 끝났습니다.
이제 그 유명한 야생마 페이서는 더는 야생이 아니었습니다.

이제 페이서를 목장으로 데려가는 일만 남았습니다.

목 올가미를 풀어 주자 페이서는 자유의 몸이 된 줄 알고 벌떡 일어났지만 한 걸음을 내딛지 못하고 고꾸라졌습니다.

앞발이 가죽끈에 묶여 있어 발을 질질 끌며 걸을 수밖에 없었습니다.

도망치려 할 때마다 몇 발짝 가지 못하고 나동그라졌습니다.

자신의 말에 올라탄 터키트랙 영감은 페이서를 이리저리 몰아붙이고 때로는 위협해서 땀범벅이 된 야생의 포로를 북쪽 피냐 협곡으로 몰아갔습니다.

하지만 페이서는 쉽게 굴복하지 않았습니다.

페이서는 분노에 찬 눈을 이글거리며 끊임없이 도망치려 했습니다.

야생마의 검고 반지르르한 옆구리는 땀으로 흠뻑 젖었고, 피로 얼룩졌습니다.

길고 긴 추격전에도 끄떡없던 페이서는 수없이 몸부림치고 넘어지면서 점점 힘을 잃어 가고 있었습니다.

날뛰던 힘도 처음처럼 강하지 않았고, 가쁜 숨을 몰아쉬는 코에서는 피 섞인 콧물까지 흘러나왔습니다.

힘겨운 행진 끝에 협곡으로 들어가는

비탈길까지 내려왔습니다.

드디어 목장이 보이기 시작했습니다.

터키트랙 영감이 다 왔다는 안도감으로 기뻐하는 사이 페이서는 마지막 최후의 힘으로 방금 내려온 비탈길을 미친 듯이 올라갔습니다.

터키트랙 영감은 당황해서 밧줄을 던지고 허공에 대고 총을 쏘았지만 페이서는 아랑곳하지 않고 비탈길을 올랐습니다.

비탈길 위로 깎아지른 듯한 절벽에 다다른 야생마 페이서는 그대로 몸을 날려 60미터 정도 아래 바위 위로 떨어졌습니다.

그 끈질긴 생명이 끊어지고 검은 육체는 처참하게 부서졌습니다.

야생마 페이서는 사람의 탐욕과 잔인한 손아귀에서 벗어나 자연의 품으로 되돌아간 것입니다.